Aufsatz kinderleicht – Inhaltsangabe
Grundschule

1. Auflage 2024

Inhalt: Ruth Gugerell
Umschlagbild: © Drazen - AdobeStock.com
Redaktion: Kohl-Verlag
Grafik & Satz: Eva-Maria Noack / Kohl-Verlag
Druck: prosatz GmbH, Hückelhoven

Bestell-Nr. 12 858

ISBN: 978-3-98558-249-5

Bildquellen © AdobeStock.com:

S. 1: Africa Studio; **S. 10**: Andrew Adams (Ausschnitt); **S. 12**: Maksim M; **S. 15**: BHM; **S. 16**: vectorwin; **S. 17**: Abu; **S. 18**: StudioWorks; **S. 21/22**: picoStudio; **S. 23**: jro-grafik; **S. 27**: vectorta-tu_Ausschnitt; **S. 29**: anatolir; **S. 43**: diez-artwork

Inhalt

AufsAtz kinderleicht – INHALTSANGABE
Grundschule – Bestell-Nr. 12 858
KOHL VERLAG

Vorwort

Aufsatz kinderleicht – Inhaltsangaben verfassen

Das vorliegende praxisorientierte Werk richtet sich an Pädagogen und Lehrende, die die Textsorte „Inhaltsangabe“ mit Schülern* erarbeiten und üben möchten.

Alle enthaltenen Stundenbilder eignen sich zunächst zur Einführung der neuen Textsorte als auch zur nachfolgenden konkreten Übung im Unterricht.

Zum Verfassen einer Inhaltsangabe gehören das Grundverständnis eines Handlungsleitfadens, das Filtern der wesentlichen Information eines Textes sowie die punktgenau formulierte, nicht ausgeschmückte und nicht wertende neue Formulierung der Inhalte. Dies ist oft für Schüler nicht einfach zu bewältigen und muss geübt werden.

Hierzu finden Sie im Praxisteil Modultexte, die variabel und beliebig im Stundenbild austauschbar sind, sodass dieses mehrmals und auch in derselben Klasse öfter verwendbar ist.

Ebenso können Sie als Lehrende Hausaufgaben mit demselben System schnell und ohne vorhergehende Inhaltskontrolle geben.

So gelingt die altersgerechte Einführung und Festigung der Textsorte „Inhaltsangabe“ einfach und sicher.

Mit allen guten Wünschen zum praktischen Lehrerfolg, der Kohl-Verlag und

Ihre

Ruth Gugerell

* Gender-Disclaimer:
Im vorliegenden Werk wird darauf verzichtet, bei Personenbezeichnungen sowohl die männliche als auch die weibliche Form zu nennen. Die männliche Form gilt in allen Fällen, in denen dies nicht explizit ausgeschlossen wird, für beide Geschlechter.

1 Allgemeine Einführung in das vorliegende Werk

Liebe Kollegin, lieber Kollege!

Sie unterrichten in einer 3. oder 4. Klasse Grundschule bzw. Kinder des Lernalters 8 bis 11 Jahre und erarbeiten die Textsorte „Inhaltsangabe".

Hierfür finden Sie im vorliegenden Werk folgenden Aufbau:

- ✓ Stundenbilder zur Erarbeitung der Inhaltsangabe + praktisches Material als Kopiervorlage
- ✓ Stundenbilder zur Festigung der Inhaltsangabe + praktisches Material als Kopiervorlage
- ✓ Praktisches Modul = weiteres Material, komplett austauschbar mit den Texten aus den Stundenbildern, z. B. zur nochmaligen Übung, zur Wiederholung, als Hausaufgabe ...
- ✓ Zehn Rätselaufgaben + Lösungen

So können Sie im Unterricht dasselbe Stundenbild öfter verwenden, nur mit anderem Textmaterial.

Auch kann das Stundenbild mit anderem Textmaterial einem Team- oder Förderlehrer übergeben bzw. zur Nachhilfe eingesetzt werden.

Das Verfassen einer Inhaltsangabe erfordert Übung und Genauigkeit, daher sind oft Schüler mit Leseschwächen oder mit nichtdeutscher Muttersprache im Übungsfortschritt benachteiligt. Nehmen Sie diese Kinder mehrmals im selben Stundenbild mit, legen Sie aber unterschiedliche Texte aus dem Modulteil vor.

So gelingt der erwünschte Übungseffekt leichter, da die Kinder den Ablauf der Stunde bereits kennen und sich auf das wesentliche Verfassen der Inhaltsangaben konzentrieren können – ohne Ablenkung und Adaption an eigentlich unwesentliche Umstände, die den Lernerfolg schmälern könnten.

Das richtige Bereitstellen der Hausaufgaben

Zur Hausaufgabe eignen sich niemals neue Methoden oder abweichende Aufgabenstellungen – sie sollten immer um einen Grad leichter als die Schulübung sein und eigenständig bewältigbar. Sobald Sie Kindern die Hausaufgabe ganz genau erklären müssen, ist sie eigentlich zu schwer.

Hausaufgaben sollen eine nicht belastende Übung bereits gespeicherter und verinnerlichter Lerninhalte sein, die lediglich dazu dient, Gelerntes zu fixieren und sicher zu verankern.

Eine Aufgabe, die überfordert, lässt Lernerfolge verblassen und schmälert die individuelle Bereitschaft, sich mit dem Thema weiter lustvoll zu beschäftigen. Ein Kind möchte nicht nachmittags oder in der freien Lernzeit auch noch knobeln und kniffeln müssen, um eine notwendige Aufgabenstellung hinzubekommen.

Daher eignen sich die Modultexte perfekt zum Austausch mit dem Praxistext aus der Schule, da die Angabe und die Aufgabenstellung sowie Rahmenbedingungen (z. B. Anzahl der geschriebenen Wörter, Form ...) gleich sind.

Die Schüler sind nicht überfordert, üben im gleichen Maße wie in der Schule und schaffen das gelegte Pensum selbständig und leicht. Motivation geschafft – Lernerfolg geschafft!

Die Rätselaufgaben

Diese Items runden den Lernaufwand ab, laden zum Wiederholen und Knobeln ein und können sowohl in Gruppenarbeit als auch in Einzelsettings verwendet werden. Alle Übungen passen inhaltlich und im gewünschten Übungseffekt zur Erlangung der nötigen Skills zum Schreiben einer gelungenen Inhaltsangabe. Der Lösungsteil kann zur Selbstkontrolle genützt werden.

2 Kurzinformation für Lehrende – was ist eine Inhaltsangabe?

In der Grundschule besteht die Erarbeitung der Textsorte „Inhaltsangabe“ nahezu daraus, eine inhaltliche und neutrale Zusammenfassung zu schreiben. Interpretativ wird im Lernalter der 3. und 4. Klasse Grundschule meist noch nicht gearbeitet.

Man kann eine Inhaltsangabe zu einer Geschichte, einem ganzen Buch oder einem Theaterstück verfassen. Auch Filme und Podcasts können zusammengefasst werden.

Die Schüler müssen in der Lage sein, folgende Ankerpunkte des anzugebenden Textes selbständig zu isolieren:

- ✓ Handlung des Textes, Personen und Figuren, Ort und Zeit der Ereignisse
- ✓ Wesentliches aus dem Inhalt herausfiltern
- ✓ Zusammenhänge begreifen und neutral wiedergeben

Wie lang soll eine Inhaltsangabe sein?

Wichtig ist, dass die Inhaltsangabe meist **kürzer** sein muss als der Originaltext.

Hierbei ist hervorzuheben, dass man als Inhaltsangabe in der Grundschule meist **etwa 120 Wörter** als Ankerwert verlangt, sofern nicht anders angegeben – egal, ob man einen 90-minütigen Film, ein dreistündiges Theaterstück, das Leben Goethes oder ein Grimm´sches Märchen zusammenfasst.

Oft denken Kinder, es wäre nur richtig, ein Werk proportional zur Originallänge zusammenfassen zu wollen. Hier soll der Lehrende den Schülern verdeutlichen, dass man Inhaltsangaben auch nur in zwei Sätzen formulieren könnte – es kommt immer auf die **Wortwahl** und die **verlangte Genauigkeit** an!

Beispiel 1:

„Im Märchen „Hänsel und Gretel“ der Gebrüder Grimm aus dem 19. Jahrhundert geht es um zwei Kinder, die – obwohl sie von den Eltern verlassen wurden – nach gefährlicher Gefangenschaft im Haus einer bösen Waldhexe ein reiches und glückliches Leben führen können.“ (41 Wörter, 1 Satz)

Beispiel 2:

„Im Märchen „Hänsel und Gretel“ der Gebrüder Grimm aus dem 19. Jahrhundert *geht es um ein Geschwisterpaar, das sich alleine im Wald durchschlagen muss, nachdem die Eltern es ausgesetzt hatten. Der Junge und das Mädchen finden vermeintliche Zuflucht im Lebkuchenhaus einer Hexe, die sich jedoch als böse herausstellt und den Knaben gefangen hält, um ihn zu mästen und anschließend zu töten. Doch das tapfere Schwesterlein schafft es, die Hexe umzubringen und so nimmt alles ein gutes und glückliches Ende, da ihnen schlussendlich das Haus und alle Reichtümer der Hexe gehören.“ (90 Wörter, 3 Sätze)*

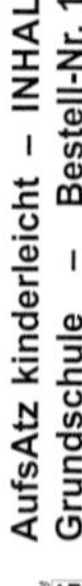

2 Kurzinformation für Lehrende – was ist eine Inhaltsangabe?

Natürlich werden die Schüler zu Beginn der Erarbeitung der neuen Textsorte nicht sofort diese Wortgewandtheit erlangen, die nötig ist, um eine Geschichte oder eine Filmhandlung in zwei Sätzen treffend zusammenzufassen.

Merkmale einer Inhaltsangabe:

Eine Inhaltsangabe muss **neutral formuliert** werden. Die Sinnzusammenhänge sollen verstanden werden und die **Handlung darf nicht verändert werden**.

Sinnvolle **Übungen** hierzu sind zum Beispiel:

- ✓ Einteilung des Originaltextes in sinnhafte Einheiten, dazu Teilüberschriften finden
- ✓ Fragen zum Text formulieren, bevor man ihn zusammenfasst
- ✓ Zusammenhänge erklären, verstehen und erst mündlich wiedergeben
- ✓ Titel, Autor, Art des zusammengefassten Textes notieren
- ✓ Hauptteil in eigenen Worten mündlich nacherzählen
- ✓ Verbformen der Gegenwart trainieren, chronologische Zeitzusammenhänge erkennen und aufschreiben
- ✓ Indirekte Rede formulieren
- ✓ …

Einen **Schluss** schreibt man in einer Inhaltsangabe meist nur in einem kurzen Satz, neutral gehalten und ohne eigene Meinung.

Ausnahme: die Tierfabel – hier bildet die „Moral von der Geschichte" ein eigenes Beurteilungskriterium, das es zu erfassen und wiederzugeben gilt. Man darf oder soll je nach Angabe persönliche Meinungsäußerungen oder wertende Aussagen am Ende der Inhaltsangabe anfügen.

3 Stundenbild 1 – Erarbeitung (3./4. Klasse)

Hinweise für die Lehrkraft

Vorbereitung der Unterrichtsstunde (50 min):

- Kopfhörer
- beliebige Musikdatei
- Geschichte „Die Steinsuppe“ (S. 10/11) pro Kind ausgedruckt in verkleinertem Format zum Einkleben ins Heft
- Posterpapier A3
- Filzstifte
- Hefte

Einleitung:

Setting: frontal, Gruppensetting, Sitzkreis

Zeitplan: etwa 10 bis 15 Minuten

Ein Kind (*Kind 1*) der Klasse bekommt Kopfhörer und Musik vorgespielt, damit es nicht hört, was im Raum gesprochen wird. Es setzt sich so hin, dass es die anderen Kinder nicht sieht, z. B. mit Blick aus dem Fenster.

Die Lehrperson liest laut einem anderen Kind (*Kind 2, idealerweise mit gutem Wortschatz und sozial sicher*) die Geschichte vor.

Dann nimmt das Kind 1 die Kopfhörer ab und bekommt von Kind 2 die Geschichte erzählt. Der Lehrer darf helfen, soll aber nicht alleine formulieren, die Kinder der Klasse dürfen auch miterzählen.

→ *Pädagogen achten beim Erzählen nun auf Folgendes:*

- *Stimmt die Handlung?*
- *Stimmen die erzählten Personen?*
- *Wurde verstanden, worum es in der Geschichte eigentlich geht?*
- *Wie lange braucht das Kind 2, um zu erzählen?*
- *Formulierung in der Gegenwart!*

Dann vergleicht man, ob die Geschichte vollständig aber kurz wiedergegeben wurde. Kind 1 muss noch nicht nacherzählen!

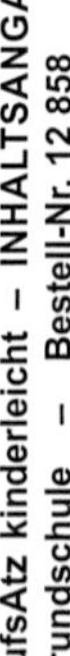

3 Stundenbild 1 – Erarbeitung (3./4. Klasse)

Hauptteil:

Setting: frontal, Gruppensetting, Schreibsetting

Zeitplan: etwa 20 bis 25 Minuten

Anschließend wird die Inhaltsangabe namentlich erklärt, ein Posterpapier Größe A3 wird in der Klasse gut sichtbar aufgehängt.

Darauf wird direkt im Klassensetting notiert:

INHALTSANGABE
- Titel, Personen, Handlung
- Gegenwart
- ohne eigene Meinung

Nun schreiben die Kinder die Inhaltsangabe in ihre Hefte:

Es können die Erzählsätze (S. 11) verwendet werden oder die Lehrperson formuliert mit den Kindern gemeinsam eigene Sätze, die den Kriterien entsprechen.

Schluss:

Setting: frontal, Gruppensetting, Sitzkreis

Zeitplan: etwa 5 bis 10 Minuten

Man liest gemeinsam die gelungene Inhaltsangabe vor.

Die Hausaufgabe wird erklärt – die Kinder bekommen die Geschichte in ausgedruckter Form und sollen die Inhaltsangabe lediglich aus der Schulübung abschreiben (Aufgabenheft o. Ä.), aber die Zeitwörter rot unterstreichen (Wdh. Gegenwartsform, Satzbau).

Fragen zur Aufgabenstellung werden geklärt und man schließt die Stunde.

AufsAtz kinderleicht – INHALTSANGABE
Grundschule – Bestell-Nr. 12 858
KOHL VERLAG

3 Stundenbild 1 – Erarbeitung (3./4. Klasse)

Material zu Stundenbild 1

Die Steinsuppe *(Volksmärchen, nacherzählt)*

An einem sonnigen Frühlingstag schlenderte der Landstreicher Ludwig einen staubigen Feldweg entlang. Seine Schuhe hatten Löcher an den Zehen, sein Hemd war fleckig und ausgebleicht. Auf dem Kopf trug er einen zerlumpten Leinenhut und um seinen Hals baumelte eine Vogelfeder an einer Schnur.

Ludwig war eigentlich fröhlich zumute, doch eines störte ihn gewaltig – sein knurrender Magen. Er hatte seit Tagen nichts Anständiges mehr gegessen. Das drückte ihm doch gewaltig auf seine Stimmung. Seine Augen suchten den Wegesrand nach Pilzen oder Erdbeeren ab, jedoch er konnte beim besten Willen nichts finden.

Da fiel sein Blick auf das gepflegte, kleine Häuschen der alten Frau Pfennigfuchser. Sie lebte schon jahrzehntelang hier und jedermann wusste, dass sie genauso unfreundlich wie geizig war. Niemals sah man sie lächeln. Kein Mensch traute sich, an ihre Türe zu klopfen.

Auch Ludwig zögerte, sich dem hübschen Häuschen zu nähern. Doch sein knurrender Magen ließ ihn nachdenken. „Los, alter Junge!", dachte Ludwig. „Du hast schon so manche List ersonnen, du kannst dir nun auch einen Trick ausdenken! Irgendwie musst du an etwas zu essen kommen!"

Da hatte der listige Landstreicher eine zündende Idee. Er setzte sich in den Garten vor Frau Pfennigfuchsers Haus und machte ein Lagerfeuer und setzte seinen kleinen alten Topf darauf. Dann wartete er.

Schon bald guckte die alte Frau aus der Haustür. „He!" rief sie heraus. „Was fällt dir ein, du alter Lumpensack! Mach sofort das Feuer aus!" „Oh, ich bitte vielmals um Verzeihung!", entschuldigte sich Ludwig scheinheilig. „Ich wollte nur meine berühmte Steinsuppe kochen!" „Was für eine Suppe?", fragte Frau Pfennigfuchser stirnrunzelnd und kam langsam aus dem Haus heraus. Sie lugte in den leeren Topf. Nur ein ganz gewöhnlicher Stein lag darin.

„Ach, das ist mein Suppenstein. Wenn man ihn in Wasser kocht, so entsteht die köstlichste und wohlschmeckendste Suppe, die man sich nur vorstellen kann!", erklärte Ludwig und musste grinsen. „Wenn Sie vielleicht etwas Wasser für mich hätten?"

Die alte Frau Pfennigfuchser wurde neugierig. Noch nie hatte sie von so einem Suppenstein gehört. Sie drehte sich um und brachte vom Brunnen einen Eimer Wasser.

„Nur der Stein gehört in die Suppe? Und das schmeckt?", fragte sie skeptisch. „Oh ja, ganz vorzüglich! Allerdings wird die Suppe noch besser, wenn man ein wenig Gemüse hineinschneidet. Aber es geht auch so", meinte Ludwig und rührte mit einem Ast in der Suppe. Vorsichtig tauchte er den Finger ins Wasser und tat so, als ob er kostete. „Mmmh, wunderbar!", schwärmte er und verdrehte die Augen.

3 Stundenbild 1 – Erarbeitung (3./4. Klasse)

Die neugierige Frau Pfennigfuchser brachte aus der Küche eine Rübe, eine Zwiebel, Kartoffeln und einen Kohlrabi. Schweigend hielt sie dem Landstreicher das Gemüse hin. „Ach, wie nett von Ihnen!", freute sich Ludwig und warf alles in den Topf dazu. „Nun fehlt noch etwas Fleisch und ein wenig Salz!", sagte er wie zu sich selbst. „Aber die Suppe schmeckt auch so sehr gut."

Einen Augenblick später stand Frau Pfennigfuchser mit Suppenfleisch und dem Salzfass neben ihm. Ihre Augen lugten in den Topf und sie schnupperte genüsslich. Fasziniert beobachtete sie, wie Ludwig das Fleisch und das Salz in die Suppe warf. „Sooo, fertig!", stellte der Landstreicher zufrieden fest.

„Möchten Sie auch etwas davon haben, liebe Frau Pfennigfuchser?"

„Gerne, ich habe entsetzlichen Hunger!", rief die alte Frau und lief ins Haus, um Teller, Brot und Besteck zu holen. Sie breitete ein Tischtuch auf dem Gartentisch aus und Ludwig brachte den Suppentopf.

„Köstlich, einfach wunderbar, so eine herrliche Suppe habe ich noch niemals gegessen!", jubelte Frau Pfennigfuchser und löffelte drauflos. „Habe ich Ihnen zu viel versprochen?", schmunzelte der schlaue Landstreicher und füllte seinen Teller randvoll.

So ließen die beiden es sich an dem gemütlichen Gartentisch schmecken.

„Vielen Dank, dass ich mitessen durfte! So ein feines Mittagsmahl habe ich schon sehr lange nicht mehr gehabt!", freute sich die alte Frau. „Ich bekomme ja nicht sehr oft Besuch!"

„Wenn Sie mögen, schenke ich Ihnen den Suppenstein. Dafür komme ich hin und wieder sonntags zum Essen!", schlug Ludwig fröhlich vor und musste schon wieder grinsen. Da fiel ihm Frau Pfennigfuchser um den Hals. „Wunderbar! So ein netter Landstreicher!", lächelte sie. „Dann hol ich mal den Nachtisch!"

Erzählsätze zur Geschichte „Die Steinsuppe"

In der Geschichte „Die Steinsuppe" geht es um den hungrigen Landstreicher Ludwig.

Er kommt am Haus der geizigen Frau Pfennigfuchser vorbei. Ludwig macht ein Feuer vor ihrem Haus und setzt einen Topf mit einem Stein darin auf. Frau Pfennigfuchser kommt aus dem Haus und möchte mitkochen. Ludwig behauptet, dass er mit dem Stein eine Suppe kochen kann. Er überlistet sie, denn sie bringt ihm nun alle Zutaten, weil sie neugierig wird und Appetit bekommt. So kochen sie gemeinsam eine köstliche Suppe.

Am Ende essen sie zusammen. Der Landstreicher schenkt Frau Pfennigfuchser den Stein, damit sie ab nun immer sonntags für ihn Suppe kochen kann. Sie freut sich sehr über seine Gesellschaft und er hat jeden Sonntag ein warmes, gutes Essen. So sind beide zufrieden.

(124 Wörter)

AufsAtz kinderleicht – INHALTSANGABE
Grundschule – Bestell-Nr. 12 858

Praxismodul zu Stundenbild 1

Der vergessene Geburtstag *(Gugerell 2024)*

Als Tim aufwachte, wusste er sofort, welcher Tag heute war. Er setzte sich ruckartig im Bett auf und blinzelte in die aufgehende Sonne, welche zu seinem Fenster hineinschien.

„Heute ist mein Geburtstag!", dachte Tim aufgeregt. „Wie passend, dass die Sonne scheint!" Flink sprang er aus den Federn und schlüpfte in seine Pantoffeln. Wie ein geölter Blitz lief Tim die Treppen hinunter in die Küche. Hatte Mama schon die Torte hergerichtet?

Doch als Tim in die Küche kam, stand nur eine halb leere Tasse Kaffee auf dem Tisch. Kein Geschenk, keine Torte, keine Mama. „Hallo? Guten Morgen?", rief Tim zaghaft. Jedoch niemand antwortete. „Seltsam!", überlegte der Junge. Er sah in den Kühlschrank. Keine Torte.

Tim ging ins Wohnzimmer. Auch dort fand er nur gähnende Leere vor. Keine Mama, kein Papa, keine Torte und kein einziges Geschenk. Mutlos setzte sich Tim auf das große Sofa. Tränen stiegen ihm in die Augen. „Sie haben meinen Geburtstag vergessen!", schluckte er. Traurig blickte der Junge auf den leeren Wohnzimmertisch. Ob er einfach ins Badezimmer gehen sollte, wie jeden Morgen?

Da raschelte etwas hinter der Tür. Tim sah erschrocken auf und im nächsten Moment sprangen Mama, Papa und Tims kleine Schwester hinter der Türe hervor. „Überraschung!", schrien alle drei wie aus einem Munde. Dabei warfen sie bunte Papierschlangen und Konfetti über Tim. Papa hatte sogar eine Tröte und blies heftig hinein, dass es nur so dröhnte!

„Oh!", machte Tim. „Ah! Ihr seid Schlitzohren!", stammelte er nun. „Ich dachte schon, ihr habt meinen Geburtstag vergessen!" Erleichtert musste Tim nun herzlich lachen. Mama hatte die Torte mit den brennenden Kerzen geholt und drei Geschenke balancierte nun seine kleine Schwester auf den Armen ins Wohnzimmer. „Die Überraschung ist uns gelungen!", lächelte Papa. Und Tim packte fröhlich seine Geschenke aus.

Erzählsätze zur Geschichte „Der vergessene Geburtstag"

In der Geschichte „Der vergessene Geburtstag" geht es um den kleinen Jungen Tim. Er wacht morgens an seinem Geburtstag auf. Tim freut sich schon sehr auf seine Torte und seine Geschenke. Doch niemand gratuliert ihm und er findet auch keine Geschenke und keine Torte. Es sieht so aus, als hätte seine Familie den Geburtstag vergessen. Da wird Tim sehr traurig.

Doch plötzlich überraschen ihn seine Eltern und seine Schwester mit drei Geschenken und einer Torte. Nun ist wieder alles in Ordnung und Tim freut sich sehr über die gelungene Überraschung.

(107 Wörter)

AufsAtz kinderleicht – INHALTSANGABE
Grundschule – Bestell-Nr. 12 858

4 Stundenbild 2 – Erarbeitung (3./4. Klasse)

Hinweise für die Lehrkraft

Vorbereitung der Unterrichtsstunde (50 min):

- Kopien der Geschichten „Der verflixte Kater“ (S. 15) und „Die verflixte Mandarine“ (S. 16) sowie der passenden Erzählsätze in Klassenstärke (S. 16)
- Posterpapier in A3
- Filzstifte
- sechs Tischgruppen/Plätze zum Arbeiten im Klassenraum

Einleitung:

Setting: frontal, Gruppensetting, Sitzkreis

Zeitplan: etwa 10 bis 15 Minuten

Alle Schüler werden in insgesamt sechs Kleingruppen zu je 3 bis 4 Kindern (je nach Gruppengröße) eingeteilt und bekommen einen eigenen Platz im Klassenraum.

Die Kleingruppen erhalten alle eine der beiden Geschichten als Kopie und sollen diese gemeinsam lesen.

→ *Pädagogen können hier ein vorlesendes Kind in der Gruppe bestimmen bzw. alle in der Reihe lesen lassen. Der Lärmpegel im Raum muss niedrig gehalten werden.*

Anschließend wird aus jeder Gruppe ein Kind ausgesucht, welches die Geschichte im Plenum kurz berichtet. Es beginnen die drei Kinder mit „Der verflixte Kater“, dann erzählen die Kinder der Gruppen mit „Die verflixte Mandarine“.

→ *Der Lehrende achtet hier auf die passende Chronologie der Handlung, die Namen der Figuren und die kurze Formulierung. Die Kinder haben zwar alle die gleiche Geschichte gelesen, aber unterschiedlich aufgefasst. Jedes Kind hat einen individuellen Erzählstil und weiß noch nicht, auf welche Punkte das Augenmerk gelegt wird.*

Nun wird kurz besprochen, ob es Fragen zur Handlung der beiden Geschichten gibt, warum man sich gut auskennt und was wichtig ist für den Handlungsverlauf der beiden Geschichten.

Hauptteil:

Setting: frontal, Gruppensetting, Schreibsetting

Zeitplan: etwa 20 bis 25 Minuten

Anschließend wird die Inhaltsangabe namentlich erklärt, ein Posterpapier Größe A3 wird in der Klasse gut sichtbar aufgehängt.

Darauf wird direkt im Klassensetting notiert:

INHALTSANGABE

- Titel, Personen, Handlung
- Gegenwart
- ohne eigene Meinung

Der Lehrer stellt nun die Erzählsätze für beide Geschichten zur Verfügung. Hierzu können sie als Kopie ausgeteilt oder mittels Beamer vorgestellt werden.

Die Kinder schreiben die Sätze ihrer eigenen Geschichte in die Hefte ab, der Pädagoge kontrolliert.

Schluss:

Setting: frontal, Gruppensetting, Sitzkreis

Zeitplan: 10 Minuten

Die gelungenen Inhaltsangaben der beiden Geschichten werden vorgelesen.

Als Hausaufgabe gibt der Lehrende nun die jeweils andere Geschichte mit Erzählsätzen aus. Die Geschichte kann ins Aufgabenheft eingeklebt werden und die Erzählsätze sollen abgeschrieben werden.

Man klärt Fragen zur Aufgabenstellung und schließt die Stunde.

AufsAtz kinderleicht – INHALTSANGABE
Grundschule – Bestell-Nr. 12 858
KOHL VERLAG

Material zu Stundenbild 2

Der verflixte Kater (Gugerell 2024)

Es war noch ziemlich früh, als Jan und Katharina leise in die Küche schlichen. Sie hatten viel zu tun, denn heute war Omas Geburtstag. Oma wurde 65 Jahre alt und hatte die Familie zum Vormittagskaffee zu sich nach Hause eingeladen.
Jan und Katharina wollten als Überraschung einen Kuchen für sie backen. Also holten die Kinder zuerst das Kochbuch aus dem Küchenschrank. Sie mischten alle Zutaten, wogen Mehl und Eier ab und bereiteten den Teig vor. „Wer hätte gedacht, dass das so kompliziert ist?", keuchte Katharina und strich sich mit mehligen Fingern eine Haarsträhne aus der Stirn. „Los, ab in den Ofen!", rief Jan. Er öffnete das Backrohr schob die gefüllte Kuchenform hinein.
Während der Kuchen im Ofen war, konnten die beiden ein wenig die Küche aufräumen. Da sprang Lido, der Kater auf den Küchentisch. Er hatte die Butter entdeckt, die die Kinder noch nicht weggestellt hatten. „Nein, Lido! Wirst du wohl aufhören an der Butter zu schlecken?", schrie Jan und stürzte zum Tisch. Doch es war zu spät. Lido hatte sein Schnäuzchen schon tief in die Butter gesteckt und leckte sich den Schnurrbart. „Oh nein, du schlimmer Kater!", seufzte Katharina.
Als sie die Katze aus der Küche tragen wollte, drang ein beißender Geruch nach Rauch in ihre Nase. Entsetzt drehten sich die Kinder zum Backofen um. „Der Kuchen!", erschrak Jan. „Wegen Lido haben wir den Kuchen vergessen!" Schnell holte Katharina die Kuchenform aus dem Rohr. „Ach herrje!", murmelte sie. „Den können wir vergessen!" Der Kuchen war vollkommen verbrannt und schwarz geworden. Rauch stieg aus dem Ofen auf und die ganze Küche war voll davon.
Da kam Papa herein und sah die Bescherung. „Oh, was ist hier passiert?", lachte er und öffnete das Küchenfenster. Die Kinder schilderten das Missgeschick und erzählten von Lido, der Butter und der misslungenen Überraschung für Oma.
„Na, wenn's weiter nichts ist!", meinte Papa. „Dann müssen wir eben einen neuen Kuchen backen. Und Lido muss diesmal draußen bleiben!"

Erzählsätze zur Geschichte „Der verflixte Kater"

In der Geschichte „Der verflixte Kater" geht es um zwei Kinder namens Jan und Katharina. Sie möchten alleine einen Kuchen für Oma backen. Also bereiten sie einen Teig zu und schieben die Form in den Ofen.

Doch dann möchte der Kater Lido an der Butter schlecken und lenkt Jan und Katharina ab. Sie wollen den Kater aus der Küche verscheuchen und vergessen den Kuchen im Ofen.

Leider verbrennt der Kuchen und die Kinder sind sehr enttäuscht. Da hilft der Vater den beiden, einen neuen Kuchen für Oma zu backen.

(89 Wörter)

AufsAtz kinderleicht – INHALTSANGABE Grundschule – Bestell-Nr. 12 858 KOHL VERLAG

Stundenbild 2 – Erarbeitung (3./4. Klasse)

Material zu Stundenbild 2

Die verflixte Mandarine *(Gugerell 2024)*

Laut hupend fährt Opa mit dem Auto in die kleine Straße ein. Er bleibt vor dem hübschen Haus mit dem roten Ziegeldach stehen. Maria und Oskar warten schon davor. „Da ist er!" ruft das Mädchen. „Opa ist vom Einkaufen zurück!" Ächzend öffnet Opa die Fahrertür. Schweißgebadet steigt er aus und atmet schwer. „Kinder, ich bin todmüde!", seufzt er. „Vielleicht schafft ihr beiden es, die Einkäufe ins Haus zu bringen? Ich kann einfach nicht mehr. Eine kleine Tüte und das Klopapier kann ich mitnehmen, aber die großen Sachen schafft ihr zwei Tüchtigen sicher alleine. Oma wartet bestimmt schon!", meint er.

„Klar, Opa!", ruft Oskar und reibt sich die Hände. „Wir machen das!" Flink läuft er zum Kofferraum und öffnet ihn. „Oh, so viele Sachen!", staunt der Junge. „Na komm, das schaffen wir gemeinsam!", lacht Maria und schnappt sich die erste Tüte voll mit Gemüse. Mit der gleichen Hand greift sie noch eine Tasche voller Tütensuppen und Nudeln. Die ist zwar nicht schwer, doch es fällt ihr nicht leicht, beides festzuhalten. Mit der anderen Hand nimmt sie den großen Karton mit Waschmittel. Dann geht Maria langsam Richtung Haus. Opa ist schon längst darin verschwunden.

Oskar sieht ihr bewundernd nach. Er greift sich also die Packung Küchenpapier, eine Tüte voller Brötchen und Kekse und eine Flasche Fruchtsirup. Mit der anderen Hand klemmt der Junge sich das Basilikumtöpfchen in den Ellbogen und schnappt sich dann die letzte Tüte mit dem Obst.

Da fällt ihm eine Mandarine auf den Boden. Nun steht der Junge da, beide Hände voll mit den Einkäufen und vor ihm am Bürgersteig liegt die kleine Mandarine. „Die kann ich auch noch aufheben!", denkt er. „Dann habe ich alles ausgeräumt und muss nicht mehr zurückgehen!" Langsam bückt sich Oskar und versucht, mit Daumen und Zeigefinger die Mandarine aufzuheben.

KRACH! Mit einem unglaublichen Lärm knallen Basilikumtöpfchen, Obst, Küchenpapier, Brot, Kekse und die Flasche Sirup auf die Straße. „Oh je!" erschrickt Opa, der gerade aus dem Haus gekommen war, um Oskar zur Hand zu gehen. „Ha, das hat sich ja ausgezahlt! Die verflixte Mandarine hätte auch noch eine Minute warten können!", lacht er. „Du hättest einfach zweimal gehen sollen!" „Da hast du wohl recht!", grinst Oskar. Lachend heben sie nun gemeinsam alle verstreuten Einkäufe wieder auf.

„Das nächste Mal bin ich schlauer!", meint der Junge und freut sich nun trotzdem auf ein frisches Brötchen und eine saftige Mandarine.

Erzählsätze zur Geschichte „Die verflixte Mandarine"

In der Geschichte „Die verflixte Mandarine" geht es um zwei Kinder namens Maria und Oskar. Sie möchten ihrem Opa helfen, alle seine Einkäufe aus dem Auto ins Haus zu bringen.
Maria trägt sehr viel auf einmal und Oskar möchte natürlich auch so viel tragen. Er hat also beide Hände voll und möchte auch noch eine Mandarine aufheben, die ihm auf den Boden gefallen ist. Doch da fällt ihm alles, was er trägt, hinunter.
Opa kommt und hilft ihm, gemeinsam alles aufzuheben. Oskar versteht, dass er lieber zweimal hätte gehen sollen.

(90 Wörter)

4 Stundenbild 2 – Erarbeitung (3./4. Klasse)

Praxismodul zu Stundenbild 2

Der erste Tag in der Geisterschule *(Gugerell 2024)*

Grimbo Grusel flog zögerlich durch den dunklen und nebeligen Wald in Richtung Geisterschule. Er war ein kleines Gespenst, weiß und fast durchsichtig. Seine Schultasche war aus Spinnweben gemacht und lastete schwer auf seinen kleinen Geisterschultern.

Heute war sein erster Schultag. Seine Geisteroma hatte ihn beim Wegfliegen ermutigt: „Kopf hoch, Grimbo! Es wird schon lustig werden!" Der Geisterpapa hatte Grimbo noch bis zum Waldrand gebracht. Dann wollte Grimbo alleine weiterfliegen. „Es geht schon, Papa!", hatte er gesagt. Dann rief er noch einen kurzen, gruseligen Abschiedsgruß und war mutig in den Wald hineingeflogen. Doch so mutig hatte er sich gar nicht gefühlt.

Als Grimbo nun bei der Geisterschule ankam, hatte er richtig Angst. Er schwebte tapfer durchs Schultor hinein und fand sich plötzlich zwischen unzählig vielen schnatternden, kichernden und schwatzenden Geisterkindern wieder. Alle schienen sich zu kennen.

Grimbo flog in den ersten Stock und in die erste Klasse hinauf. Dort angekommen suchte er sich in der zweiten Bank ein freies Plätzchen. „Hier werde ich mich einfach mal hinsetzen und warten!", dachte er. Keines der fremden Geisterkinder sah ihn an. Er fühlte sich auf einmal sehr hilflos und ängstlich.

Da tippte ihn etwas an der Schulter an. Erschrocken drehte Grimbo sich um. „Entschuldige!", sagte ein kleiner dicker Geist. „Ist hier noch frei?" Er deutete auf den freien Platz neben Grimbo, auf dem Grimbos Schultasche lag. „Oh, natürlich!", erwiderte Grimbo schnell und nahm die Tasche von der Bank. „Danke!", wisperte das kleine Gespenst. „Ich bin nämlich neu hier und habe noch keinen Sitzplatz gefunden! Mein Name ist Zorro." Und er setzte sich neben Grimbo und blickte ihn zaghaft lächelnd an.

Da fasste Grimbo ein wenig Mut und sagte: „Auch ich bin neu! Möchtest du mein Sitznachbar werden? Ich heiße Grimbo!" Und die beiden Geister lächelten einander an.

<u>Erzählsätze zur Geschichte „Der erste Tag in der Geisterschule"</u>

Die Geschichte „Der erste Tag in der Geisterschule" ist eine Gespenstergeschichte. Es geht um den kleinen Geist Grimbo Grusel. Er macht sich auf den Weg in die Geisterschule. Es ist sein erster Tag. Grimbo ist sehr aufgeregt.

Als er in die Schule kommt, sucht er sich einen Sitzplatz. Dann lernt er ein anderes Gespenst kennen, das auch neu ist. Es heißt Zorro. Die beiden sind nun Sitznachbarn und verstehen sich gut. Jetzt freut sich Grimbo auf seine neue Schule.

(79 Wörter)

KOHL VERLAG AufsAtz kinderleicht – INHALTSANGABE Grundschule – Bestell-Nr. 12 858

Praxismodul zu Stundenbild 2

Der erste Tag in der Hexenküche

(Gugerell 2024)

Hilda Strubbelhaar war eine kleine, rothaarige Hexe. Ihre Nase war lang und spitz, ihr Bauch war kugelrund und ihre Augen blitzten unter einem hohen, schwarzen Hexenhut hervor. Ihr liebstes Hobby war Kochen. Sie liebte es, Zaubertränke und Hexensuppen herzustellen. Außerdem hatte sie auch wirklich Talent dafür.

So kam es, dass sie sich bei der internationalen Hexenküche „Magical Cooks Inc." beworben hatte und auch aufgenommen worden war. Daher hatte Hilda nun ihren ersten Tag als magische Köchin in der Hexenküche vor sich.

Sie war sehr aufgeregt und stolperte mit Besen, Kessel und Rezeptbuch bepackt die Treppen der Hexenküche hinauf. „Ach du liebe Kröte!", schnaufte sie. „Ich wusste gar nicht, dass der Kessel so schwer ist!"

„Ah, endlich sind Sie da, Hilda!", rief eine forsche Stimme. Oben erschien der oberste Zauberer und Chefkoch in der Hexenküche. „Schnell, beeilen Sie sich und fangen Sie in der Küche an Herdfeuer Nummer 33 an!", winkte er Hilda hektisch zu.

„Gerne, natürlich! Ich bin schon fertig!", zwitscherte Hilda und rannte so schnell sie konnte in die Küche. Dort suchte sie sich das Herdfeuer Nummer 33. Es brannte lichterloh und wartete nur darauf, dass man endlich einen Kessel draufsetzte.

Hilda hievte den schweren Kessel auf das Feuer und machte sich schnaufend an die Arbeit. „Ach du liebe Krabbelspinne!", erschrak sie, als sie das Rezept neben dem Herdfeuer las. „Das kann ich ja nie! Mal sehen – Schlangeneier, Fledermauskrallen glasieren, Pilzcreme mit Giftstreuseln, flambierte Froschbeine und karamellisierte Mäuseschwänze?"

Mutlos sank sie neben dem Kessel auf einen kleinen Schemel und sah sich um. Überall eilten emsige Hexen und Zauberer mit Flaschen, Löffeln, Kesseln und Körben herum. Herdfeuer brannten und in den Hexentöpfen zischte und blubberte es.

Da tippte jemand Hilda auf die Schulter. „Neu hier?", fragte eine freundliche junge Hexe mit blauem Haar. „Brauchst du ein wenig Hilfe?" Sie hielt Hilda einen Löffel und einen Zauberstab entgegen. „Ich weiß, wie das am ersten Tag ist! Keine Sorge, ich habe ein wenig Zeit und kann dir beim ersten Rezept zur Hand gehen! Übrigens, ich heiße Tussi!" Hilda fiel ein Stein vom Herzen und sie lächelte das erste Mal an diesem Tag. „Jetzt habe ich ein gutes Gefühl!", dachte sie.

<u>Erzählsätze zur Geschichte „Der erste Tag in der Hexenküche"</u>

Die Geschichte „In der Hexenküche" ist eine Erzählung über die kleine rothaarige Hexe Hilda Strubbelhaar. Sie erlebt ihren ersten Tag als Köchin in einer Hexenküche. Hilda bringt ihren eigenen Kessel und Besen mit. Sie ist sehr nervös und aufgeregt. Sogleich, als sie ankommt, muss sie zu kochen beginnen. Niemand hat Zeit, sie einzuarbeiten. Da lernt sie die erfahrene Hexe Tussi kennen. Tussi nimmt sich Zeit und möchte Hilda alles zeigen. Nun fühlt sich Hilda in ihrem neuen Job wohl und hat eine Freundin gefunden. *(80 Wörter)*

AufsAtz kinderleicht – INHALTSANGABE
Grundschule – Bestell-Nr. 12 858
KOHL VERLAG

5 Stundenbild 3 – Festigung (3./4. Klasse)

Hinweise für die Lehrkraft

<u>**Vorbereitung der Unterrichtsstunde (50 min)**</u>:

- Kopierte Geschichte „Lucky und der Regenbogen“ (S. 21)
- kopiertes Aufgabenblatt mit Erzählsätzen zur Geschichte (S. 22)
- Die Textsorte „Inhaltsangabe“ sollte erarbeitet worden sein, ein Übersichtsplakat o. Ä. könnte in der Klasse als Gedächtnisstütze hängen (vgl. Stundenbild 1 oder 2)
- Hefte
- Aufgabenhefte

<u>**Einleitung**</u>:

Setting: Gruppensetting, Sitzkreis
Zeitplan: etwa 10 bis 15 Minuten

Die Geschichte „Lucky und der Regenbogen“ wird von Kindern, die der Lehrende bestimmt, vorgelesen.

Anschließend fragt der Lehrende das Plenum der Klasse nach den <u>Personen</u> und dem <u>chronologisch richtigen Handlungsaufbau</u>.

→ *Hier kann der Pädagoge das in einer vorangegangenen Erarbeitungsstunde aufgehängte Plakat in der Klasse als Gedächtnisstütze für die Kinder aktiv mit hineinnehmen. Man zeigt zum Beispiel während des geführten Klassengesprächs am Plakat mit bzw. macht Häkchen (oder Smileys, etc.), wenn ein Punkt auf der Übersicht genannt wurde.*

Die Textsorte „Inhaltsangabe“ wird benannt und den Kindern in Erinnerung gerufen.

Hauptteil:

Setting: frontal, Gruppensetting, Schreibsetting

Zeitplan: etwa 20 bis 25 Minuten

Gemeinsam mit den Schülern vermerkt der Lehrende nun an der Tafel/am Whiteboard Schlüsselwörter, die zur Geschichte passen.

Diese Schlüsselwörter müssen von den Kindern gefunden werden. Das erste Schlüsselwort kann vom Lehrenden als Beispiel kommen.

→ *Der Lehrer achtet beim Schreiben bereits auf die chronologisch richtige Abfolge der Schlüsselwörter, sie sollen ein Gerüst für die später von den Kindern alleine formulierten Sätze bilden.*

→ *Man klärt im Vorhinein, ob die Schlüsselwörter Verben, Nomen und/oder Adjektive sein sollen. Sinnvoll ist in einer sprachlich versierten Klasse, alle drei Wortarten zu verwenden. In einer Klasse mit einfachem Grundwortschatz bzw. bei vielen Schülern mit Deutsch als Förderfach sollten nur Nomen verwendet werden.*

Etwa sechs bis zehn Schlüsselwörter sollen gefunden werden. Mehr verwirrt die Kinder, weniger ist meistens für die Handlung nicht komplettierend.

Nun wird vom Pädagogen ein Anfangssatz formuliert. Zum Beispiel:
Das Volksmärchen „Lucky und der Regenbogen“ spielt in Irland.
oder
In der Geschichte „Lucky und der Regenbogen“ geht es um einen Mann, der einen geheimnisvollen Kobold trifft.

Den Anfangssatz schreiben alle Kinder in ihre Hefte.

Der Rest der Geschichte wird von den Schülern selbständig nacherzählt. Sie formulieren in diesem Stadium des Schreibens zu jedem Schlüsselwort etwa ein bis zwei Sätze, halten die an der Tafel vorgegebene Chronologie ein. Der Lehrende geht beim Schreiben durch den Klassenraum und hilft bei Bedarf.

→ *Generell gilt: lieber einfache und kurze Sätze und dafür richtig, als kompliziert und daher chronologisch oder grammatikalisch falsch!*

Schluss:

Setting: frontal, Gruppensetting, Sitzkreis

Zeitplan: 5 bis 10 Minuten

Die Hefte werden abgegeben und kontrolliert.

Die Hausaufgabe besteht daraus, die kopierten Erzählsätze zur Geschichte in die richtige Reihenfolge zu bringen und sie dann z. B. ins Aufgabenheft abzuschreiben (Wdh. Chronologie). Fragen zur Hausaufgabe werden geklärt und man schließt die Stunde.

Stundenbild 3 – Festigung (3./4. Klasse)

Material zu Stundenbild 3

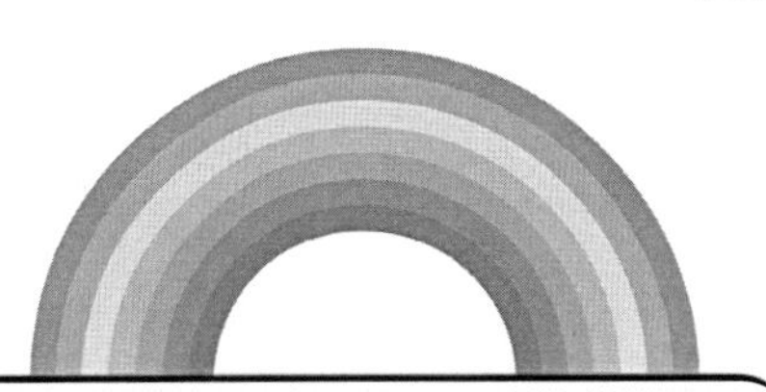

Lucky und der Regenbogen

Es lebte einmal im fernen Irland ein kleiner, dicker Mann namens Lucky. Er wohnte in einem kleinen Haus an der Meeresküste und verdiente sich sein Geld mit dem Sammeln und Verkaufen von Pilzen.

Eines Tages fand Lucky beim Pilzesammeln eine klitzekleine Tasche am Waldboden. Er hob sie auf und wunderte sich: „Wem wohl dieses Täschchen gehören könnte? Es ist so winzig, dass nicht mal eine Münze richtig hineinpasst! Wie seltsam!"

Und als er das kleine Ding in der Hand hielt und es betrachtete, zupfte ihn etwas am Hosenbein. Lucky sah hinunter und erblickte einen kleinen Kobold, der wie verrückt auf und ab sprang und ihn am Hosenbein riss. „Gib mir die Tasche! Gib sie sofort her! Sie gehört mir, ja mir!", quietschte der kleine Kerl. Er trug eine winzige grüne Hose, ein braunes kleines Jäckchen und auf seinem Kopf saß ein grünes Hütchen.

„Ja, wer bist denn du? Reg dich bloß nicht so auf, ich gebe dir ja dein Täschchen sofort wieder, du kleiner Racker!", schmunzelte Lucky. Er beugte sich vorsichtig hinunter und legte dem kleinen Kobold die Tasche um den Hals. „Du meine Güte!", schimpfte der Kleine. „Du hast ja keine Ahnung, was da in meiner Tasche drin ist! Wenn ich es verliere, gibt es auf der Welt weniger Freude. Weißt du eigentlich, was das bedeutet?" „Oh!", staunte Lucky. „Was kann dann wohl Besonderes in deinem Täschchen drinnen sein, so winzig wie es ist?"

„Ich werde es dir zeigen!", lächelte der Kobold geheimnisvoll und öffnete langsam die kleine Tasche. Wie ein bunter Blitz schossen alle Farben des Regenbogens heraus, es zischte und brauste wie ein Wasserfall und auf einmal spannte sich am Himmel ein wunderbarer, riesiger Regenbogen über die beiden. Der Regenbogen strahlte von innen, glitzerte und glänzte und reichte von einer Seite des Horizontes bis zur anderen.

„Jedes Mal, wenn ich den Regenbogen heraushole, braucht ihr Menschen meine Hilfe!", erklärte der Kobold. „Zum Beispiel, wenn zu viele Menschen traurig sind oder Angst haben. Dann öffne ich die Tasche und der Regenbogen erscheint. Alle Menschen, die ihn dann sehen, freuen sich. Sicher kennst du dieses Gefühl auch!", lächelte er.

Lucky nickte und bestaunte den Regenbogen über seinem Kopf. „So ist das also! Was für eine schöne Aufgabe du hast!", meinte er. „Jedes Mal, wenn ich nun einen Regenbogen sehe, werde ich an dich denken, kleiner Kobold!", versprach er.

Und du? Freust du dich auch, wenn du einen Regenbogen siehst? Denk immer daran, dass dann der kleine Kobold sein Täschchen aufgemacht hat und den Menschen ein wenig Freude schenken will.

(Gugerell 2024)

AufsAtz kinderleicht – INHALTSANGABE
Grundschule – Bestell-Nr. 12 858

5 Stundenbild 3 – Festigung (3./4. Klasse)

Material zu Stundenbild 3

Erzählsätze zur Geschichte „Lucky und der Regenbogen"

EA Aufgabe: Bringe die Sätze in die richtige Reihenfolge und schreibe sie ab!

☐ Der Kobold öffnet seine Tasche für Lucky.

☐ Lucky ist ein kleiner Mann, der an der Küste in Irland lebt.

☐ Da zupft ihn der Besitzer der Tasche, ein kleiner Kobold, am Bein.

☐ Eines Tages findet Lucky beim Pilzesammeln ein Täschchen.

☐ Zuerst weiß Lucky nicht, wem es gehören könnte.

☐ Er erklärt ihm, dass er den Regenbogen nur aus der Tasche lässt, wenn zu viele Menschen auf der Welt traurig sind.

☐ In der Tasche ist ein Regenbogen, der sofort an den Himmel springt.

☐ Jeder Mensch, der den Regenbogen nun sieht, freut sich.

☐ Lucky ist glücklich und erinnert sich ab nun jedes Mal, wenn er einen Regenbogen sieht, an den kleinen Kobold.

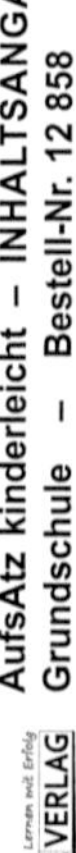

Praxismodul zu Stundenbild 3

Das Märchen vom Gänseblümchen

Vor langer, langer Zeit, als die Blumen noch sprechen konnten, stand auf der Wiese ein kleines Gänseblümchen. Es wiegte sich scheu im Wind und ließ seinen Blick über die anderen Gewächse auf der grünen Au schweifen.

Da sah es die stolze Glockenblume, die sich schlank und groß über alle anderen erhob. „Ach, wäre ich nur auch so groß!", dachte sich das Gänseblümchen. Dann erblickte es die Distel, die stark und trotzig mit ihren Stacheln zwischen den Gräsern stand. „Oh, was für eine Kraft die Distel hat!", überlegte sich das kleine Gänseblümchen. „Ich habe ja leider keine Stacheln!"

Die Rose, die sich wunderschön blühend über die Hecke rankte, faszinierte das kleine Blümchen besonders. „Wie schön die Rose ist! Ach hätte ich nur auch so wunderbar samtige Blätter und so eine schöne Farbe! Und duften kann ich auch nicht!"

Traurig ließ das Gänseblümchen das kleine, unscheinbare Köpfchen hängen. Vielleicht tropfte sogar eine Träne auf die Erde. „Na, wer wird denn da weinen?", sagte plötzlich eine Stimme. Es war die Sonne, die freundlich auf das kleine Blümchen herabschien.

Verwirrt hob es daraufhin das Köpfchen. „Wer spricht da mit mir?", fragte es leise. „Oh, ich bin die Sonne! Ich sehe dich schon die ganze Zeit an und frage mich, wieso du so traurig bist!", sprach die Sonne und lächelte. „Nun, ich fühle mich wertlos. Alle anderen Blumen sind entweder besonders groß oder wunderschön oder haben Stacheln und Dornen oder sonst irgend etwas Besonderes. Nur ich habe nichts!", meinte das Gänseblümchen betrübt.

„Du bist meine Lieblingsblume!", lachte die Sonne. „Weil du so eine wunderschöne sonnengelbe Mitte hast! Ich sehe mich immer selbst in dir!" Da freute sich das Gänseblümchen so sehr, dass es rosa Blütenspitzen bekam.

Und auch du kannst heute noch sehen, dass die Gänseblümchen an der Unterseite noch ein klein wenig rosa sind. Nun weißt du ja, warum.

(Volksmärchen, nacherzählt)

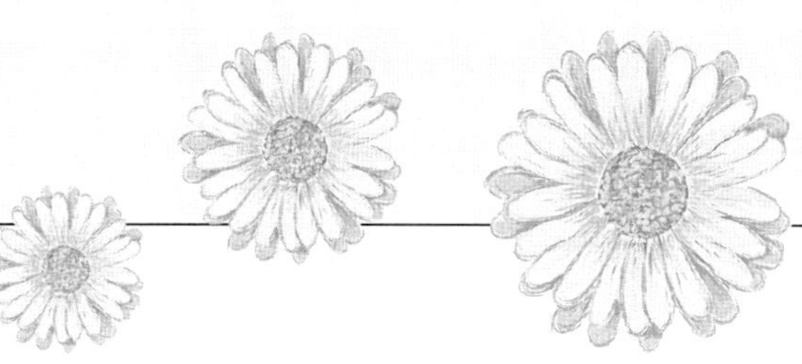

AufsAtz kinderleicht – INHALTSANGABE
Grundschule – Bestell-Nr. 12 858
KOHL VERLAG

5 Stundenbild 3 – Festigung (3./4. Klasse)

Material zu Stundenbild 3

Erzählsätze zur Geschichte „Das Märchen vom Gänseblümchen"

EA Aufgabe: *Bringe die Sätze in die richtige Reihenfolge und schreibe sie ab!*

☐ *Die Sonne fragte das Gänseblümchen, warum es traurig sei.*

☐ *Es war einmal ein kleines, unscheinbares Gänseblümchen.*

☐ *Ihm fiel auf, dass alle anderen Blumen hier irgendwie besonders waren.*

☐ *So bekam das Gänseblümchen vor lauter Freude rosa Blütenspitzen, die man heute noch sehen kann.*

☐ *Das stand auf einer großen Blumenwiese.*

☐ *Das Blümchen erklärte der Sonne, dass es gerne so besonders wäre, wie die anderen Blumen.*

☐ *Sofort tröstete es die Sonne und erklärte ihm, dass es die schönste, sonnengelbe Mitte von allen Blumen hatte.*

☐ *Die anderen Blumen waren entweder sehr schön oder besonders groß oder hatten Stacheln oder dufteten.*

☐ *Da wurde das Gänseblümchen traurig, denn es selbst war weder besonders groß oder schön, noch hatte es Stacheln oder duftete.*

AufsAtz kinderleicht – INHALTSANGABE
Grundschule – Bestell-Nr. 12 858
KOHL VERLAG

6 Stundenbild 4 – Festigung (3./4. Klasse)

Hinweise für die Lehrkraft

Vorbereitung der Unterrichtsstunde (50 min):

- Platz in der Klasse für das Rollenspiel
- Kopien der Geschichte „Das Schnupfenmännchen“ in Klassenstärke (S. 27)
- ausgedruckte und geschnittene Fragen zum Ziehen (S. 28)
- Beutel o. Ä. zum Ziehen der Fragen
- Erzählsätze zur Geschichte in Klassenstärke für die Hausaufgabe (S. 28)
- Aufgabenhefte

Einleitung:

Setting: Gruppensetting, Sitzkreis, Lesesetting

Zeitplan: etwa 10 bis 15 Minuten

Der Lehrer liest mit den Schülern die Geschichte „Das Schnupfenmännchen“.

Hier können verschiedene Lesesettings stattfinden (verteilte Rollen, Reihenlesen, Sololesen, Lehrer liest vor ...), die Handlung der Geschichte wird klar beim Lesen.

Anschließend bestimmt man drei Kinder, die in die Rollen der Figuren schlüpfen.

Sie bekommen kurze Vorbereitungszeit (etwa 5 Minuten), um ihre Rollen untereinander zu besprechen und sich kurz zu beraten.

→ *Der Pädagoge sollte hier sprachsichere Kinder auswählen. Das Verständnis der Handlung soll sich im vorangegangenen Klassengespräch gezeigt haben, damit sich im anschließenden Rollenspiel ein flüssiger und chronologisch richtiger Ablauf zeigen kann. So erschließt sich die Handlung auch sprachunsicheren Schülern.*

Im Klassenraum wird eine Ecke/ein Platz als „Bühne“ oder „Auftrittsraum“ bestimmt und die Kinder nehmen ihre Rollen ein.

Das Plenum der Klasse ist das Publikum. Der Pädagoge wechselt zwischen eingreifendem Medium und Zuschauer.

Hauptteil:

Setting: Gruppensetting/Theatersetting

Zeitplan: etwa 20 bis 25 Minuten

Nun spielen die Kinder die Geschichte nach. Die Dialoge können von Seite des Lehrers vorgesagt werden, von den Kindern abgelesen werden oder sie werden sinngemäß improvisiert. Die Handlung der Geschichte soll im Ablauf stimmen.

Anschließend wird kräftig applaudiert. Sofern es die Zeit zulässt, können noch drei andere Kinder gewählt werden, die ebenfalls die Geschichte nachspielen dürfen.

Auch hier zählt ein kräftiger Schlussapplaus zum positiv besetzten Ablauf der Stunde!

Nun lässt der Lehrer Kinder, welche noch nicht vorgespielt haben, die Fragen zur Handlung aus einem Beutel ziehen. Die Fragen zur Handlung werden von der Klasse beantwortet.

Schluss:

Setting: frontal, Gruppensetting, Sitzkreis

Zeitplan: 5 bis 10 Minuten

Der Pädagoge lobt alle Schüler, die an der gelungenen Theaterstunde mitgewirkt haben.

Die Erzählsätze zur Geschichte werden ausgeteilt und sollen als Hausaufgabe in die richtige Reihenfolge gebracht werden. Anschließend schreiben die Kinder die Sätze als Inhaltsangabe ab, z. B. ins Aufgabenheft.

Der Lehrende klärt Fragen zur Hausaufgabe und schließt die Stunde.

AufsAtz kinderleicht – INHALTSANGABE
Grundschule – Bestell-Nr. 12 858
KOHL VERLAG

Stundenbild 4 – Festigung (3./4. Klasse)

Material zu Stundenbild 4

Das Schnupfenmännchen *(Volksmärchen, nacherzählt)*

Erzähler: Wer von euch hatte schon mal so einen richtigen Schnupfen, eine richtige Triefnase? Nun, ich nehme an, dass jedes Kind bereits Bekanntschaft mit dem Schnupfenmännchen gemacht hat.

Ja, ihr habt richtig gehört! Wenn euch die Erkältung packt, dann hat euch das kleine Schnupfenmännchen erwischt!

Schnupf.: Jawohl, das bin ich! Hatschi!

Erzähler: Wenn es draußen so richtig kalt und nass ist, es regnet und stürmt und vielleicht sogar schneit, dann fühlt sich das Schnupfenmännchen erst besonders wohl.

Schnupf.: Ich liebe Regen! Ich liebe Wind! Schnee ist für mich das Größte! Schön kalt muss es sein! Hatschi!

Erzähler: Nun, ihr seht ja, dass das Schnupfenmännchen klein ist. Es hüpft auf den Straßen und am Spielplatz herum und patscht in jede Pfütze. Es wartet auf Menschen, die es in den Fuß zwicken könnte – besonders gern, wenn man keine warmen Schuhe trägt oder Socken, die den Knöchel nicht bedecken. Da freut es sich und – zwick! – schon hat man einen Schnupfen!

Kind: Ach, heute regnet es. Doch meine schicken Sportschuhe ziehe ich trotzdem an! Eine Jacke brauche ich nicht! Ist mir doch egal, wenn ich nasse Füße kriege! Ich werde mich schon nicht verkühlen! (*spaziert los, spannt imaginären Regenschirm auf*)

Schnupf.: Ha! Dieses Kind kann ich zwicken, dann bekommt es eine rinnende Nase und niest so wie ich! Hatschi! (*hüpft um das Kind herum*)

Kind: Puh, mir ist doch ziemlich kalt. Eigentlich hätte ich eine warme Jacke nehmen können … Meine Füße sind schon eisig und ziemlich nass.

Schnupf.: So! Jetzt hab ich dich erwischt! ZWICK! (*berührt das Kind*)

Kind: (*niest theatralisch*) Hatschi! Hatschi! Oh je, jetzt ist es so weit. Ich brauche ein Taschentuch! Hatschi! Schnell nach Hause in die heiße Badewanne!

Schnupf.: Hehe! Eine Woche Schnupfen! Weiter geht's! Hatschi! (*hüpft davon*)

Erzähler: Darum, meine Lieben – denkt an das Schnupfenmännchen und zieht euch warm an, wenn es draußen kalt ist!

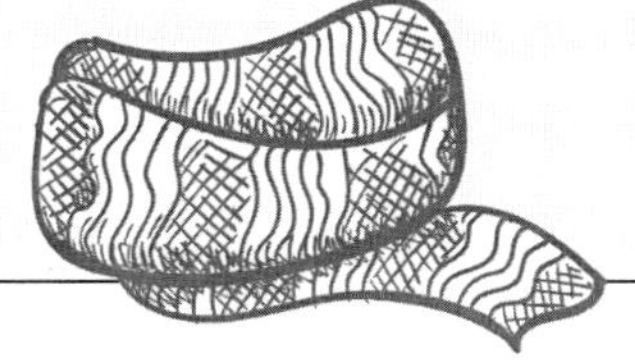

AufsAtz kinderleicht – INHALTSANGABE
Grundschule – Bestell-Nr. 12 858
KOHL VERLAG

6 Stundenbild 4 – Festigung (3./4. Klasse)

Material zu Stundenbild 4

Erzählsätze zur Geschichte „Das Schnupfenmännchen"

EA **Aufgabe:** *Bringe die Sätze in die richtige Reihenfolge und schreibe sie ab!*

- ☐ *Wenn es dich erwischt, bekommst du Schnupfen!*
- ☐ *Es liebt kalten Wind und Regenwetter.*
- ☐ *Kennst du das Schnupfenmännchen?*
- ☐ *Jetzt hilft nur noch eine heiße Badewanne!*
- ☐ *Vielleicht hast du dich zu wenig warm angezogen?*
- ☐ *Es zwickt dich dann in den Fuß und – HATSCHI!*
- ☐ *Dann bist du eine leichte Beute für das Schnupfenmännchen.*
- ☐ *Leichte Schuhe, keine Jacke, blanke Knöchel?*

Fragen zur Geschichte „Das Schnupfenmännchen"

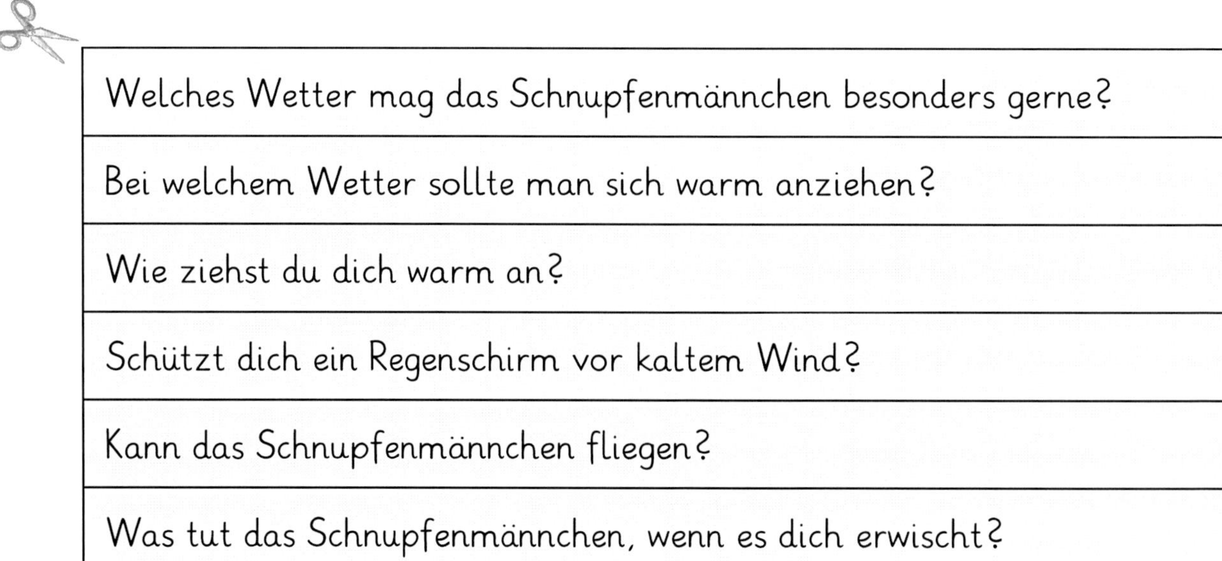

Welches Wetter mag das Schnupfenmännchen besonders gerne?
Bei welchem Wetter sollte man sich warm anziehen?
Wie ziehst du dich warm an?
Schützt dich ein Regenschirm vor kaltem Wind?
Kann das Schnupfenmännchen fliegen?
Was tut das Schnupfenmännchen, wenn es dich erwischt?

AufsAtz kinderleicht – INHALTSANGABE
Grundschule – Bestell-Nr. 12 858
KOHL VERLAG

Praxismodul zu Stundenbild 4

Das Kasermännchen

Erzähler: Kennt ihr die Geschichte vom Kasermännchen? Es ist eine sehr alte und lustige Sage, die sich vor vielen, vielen Jahren in den Bergen abgespielt haben soll.

Kasermänn.: Ja, genau! Da komm ich her!

Erzähler: Also – nur Geduld. Es war einmal ein Bergsteiger, der hatte eine lange und anstrengende Wanderung hinter sich. Er war hoch auf einen Berg hinaufgestiegen, als ein gefährlicher Sturm aufzog. Er entdeckte eine Hütte, in der er übernachten wollte, weil der Wind zu stark war.

Bergsteiger: (*schnaufend*) Puh, so ein mühsamer Aufstieg! Jetzt bin ich aber froh, dass ich hier angekommen bin. Mal sehen – hm, diese Hütte ist offen. So ein Glück, hier kann ich die Nacht verbringen. Ich bin sehr hungrig.

Erzähler: Der Bergsteiger holte eine Wurst aus seinem Rucksack und machte ein Feuer im Kamin. Dann wollte er sich seine Wurst braten. Der köstliche Duft der Wurst zog aus der alten Hütte hinaus in den Wald. Da ging auf einmal die Türe auf und ein kleines Männchen kam herein.

Kasermänn.: Hmm, was duftet denn hier so wunderbar? (*schnuppert*) Da schleiche ich mich doch gleich an und hoffe, dass ich auch was abbekomme! Hallo, ich bin das Kasermännchen! Hast du was zum Essen?

Bergsteiger: (*ärgerlich*) He, du! Wo kommst du denn her? Du kriegst nix!

Erzähler: Der Bergsteiger wollte dem Männchen nichts abgeben. Da wurde das Männlein ziemlich böse und tupfte trotzig mit dem Finger in die Pfanne. Es leckte sich sogar den Bratensaft von der Fingerspitze!

Kasermänn.: TUPF! (*schleckt*) Hm, köstlich!

Bergsteiger: Ja sowas, was soll denn das? Lass deine Finger bei dir, du kleiner Frechdachs! (*klopft dem Männchen auf die Hand*)

Erzähler: Der Bergsteiger klopfte dem frechen Kasermännchen auf die Hand.

Kasermänn.: Aua! (*beginnt zu weinen*)

Erzähler: Da begann das Männchen zu weinen. Nun hatte der Bergsteiger doch Mitleid mit dem kleinen Kasermännlein und ließ es ein großes Stück von der Wurst essen.

Bergsteiger: (*lieb*) Na gut, weine doch nicht gleich! Hier, bitte, nimm dir doch bitte ein großes Stück! Mahlzeit!

Kasermänn.: Oh, vielen Dank! (*schnieft und futtert schnell drauflos*). Dafür schenke ich dir, dass der Sturm aufhört, wenn du weiterwanderst!

Erzähler: Und wirklich, der Sturm draußen vor der Türe legte sich und der Bergsteiger konnte am nächsten Tag sicher wieder nach Hause wandern. Danke, Kasermännchen!

(Alpensage, nacherzählt)

AufsAtz kinderleicht – INHALTSANGABE Grundschule – Bestell-Nr. 12 858 KOHL VERLAG

6 Stundenbild 4 – Festigung (3./4. Klasse)

Material zu Stundenbild 4

Erzählsätze zur Geschichte „Das Kasermännchen"

EA Aufgabe: *Bringe die Sätze in die richtige Reihenfolge und schreibe sie ab!*

- ☐ *Und tatsächlich – der Sturm legte sich und der Bergsteiger konnte wohlbehalten nach Hause.*
- ☐ *Es wollte auch etwas essen und tupfte frech auf die Wurst in der Pfanne!*
- ☐ *Plötzlich kam ein kleines Männlein zur Türe herein und stellte sich als Kasermännchen vor.*
- ☐ *Da klopfte der Bergsteiger dem Kasermännchen auf die Finger! „Aua!", schrie es.*
- ☐ *Es war einmal ein Bergsteiger, der bei seiner Wanderung in einer Hütte vor starkem Sturm Unterschlupf suchte.*
- ☐ *Er wollte sich eine Wurst zur Stärkung braten.*
- ☐ *Das Männlein war dankbar und versprach, den Sturm zu besänftigen.*
- ☐ *Da bekam der Bergsteiger doch Mitleid mit dem hungrigen Männchen und ließ es etwas von der Wurst essen.*

Fragen zur Geschichte „Das Kasermännchen"

Was möchte das Kasermännchen vom Bergsteiger haben?
Warum macht der Bergsteiger Rast in der Hütte?
Was kocht sich der Bergsteiger in der Hütte?
Wieso klopft der Bergsteiger dem Kasermännchen auf die Hand?
Bekommt das Männlein dann doch noch was zu essen?
Wie zeigt das Kasermännchen seinen Dank?
Warst du schon mal wandern und hast Rast gemacht?
Was isst du gerne zum Abendessen?
Wie hättest du den Bergsteiger gebeten, dass er dir etwas abgibt?

KOHL VERLAG Lernen mit Erfolg
AufsAtz kinderleicht – INHALTSANGABE Grundschule – Bestell-Nr. 12 858

7 Stundenbild 5 – Festigung (3./4. Klasse)

Hinweise für die Lehrkraft

Vorbereitung der Unterrichtsstunde (50 min):

- Erzählsätze ausgedruckt, geschnitten und vor Unterrichtsbeginn im Klassenraum versteckt (S. 33)
- Beamer oder Desktopkamera oder A4-Blätter
- Hefte
- Kopien passend zur Hausaufgabe (1 oder 2)
- evtl. Aufgabenhefte

Einleitung:

Setting: Gruppensetting, Sitzkreis, Lesesetting

Zeitplan: etwa 10 bis 15 Minuten

Im Klassenraum werden die zuvor ausgedruckten und geschnittenen Erzählsätze versteckt aufgehängt (z. B. in Kniehöhe unter dem Waschbecken, über der Klassentür, im Fensterrahmen ...).

Zu Beginn der Stunde erklärt der Lehrende den Schülern, dass sie nun 5 Minuten Zeit haben, um in der Klasse die Sätze zu finden und beispielsweise mit Magneten an die Tafel zu bringen.

Anschließend, wenn alle Sätze gefunden wurden, werden sie im Plenum zu einer Geschichte geordnet.

→ *Hier empfiehlt sich ein Beamer, eine Desktopkamera oder ein Overhead-Projektor. Wenn dieses Equipment nicht im Klassenraum zur Verfügung steht, kann man die Sätze auch auf A4-Blätter schreiben und sie im Sitzkreis gemeinsam auf dem Boden anordnen.*

AufsAtz kinderleicht – INHALTSANGABE
Grundschule – Bestell-Nr. 12 858

7 Stundenbild 5 – Festigung (3./4. Klasse)

Hauptteil:

Setting: Gruppensetting/Schreibsetting

Zeitplan: etwa 20 bis 25 Minuten

Die Klasse liest nun die zuvor geordnete Geschichte im Plenum vor. Nun werden Schlüsselwörter an der Tafel dazu notiert. Hier gibt der Pädagoge das erste Schlüsselwort vor, etwa „Griechenland". Die anderen Schlüsselwörter kommen von den Kindern.

→ *Sechs bis acht Wörter sind genug. In sprachlich versierten und sicheren Klassen kann man Verben und Adjektive dazunehmen, sonst bleibt man am besten beim Sammeln von Nomen.*

→ *Die Schlüsselwörter werden bereits chronologisch richtig notiert, etwa von links nach rechts. So bieten sie ein besseres Gerüst für die folgende Schreibleistung.*

Jetzt sollen die Kinder anhand der Schlüsselwörter die Geschichte wiedergeben und eine Inhaltsangabe mit etwa 80 Wörtern verfassen (z. B. ins Heft).

Man verweist auf die bereits vorangegangene Erarbeitung dieser Textsorte in einer früheren Einheit und wiederholt die wichtigsten Kennzeichen (Titel, Personen, Handlung, Gegenwartsform).

Der Lehrende gibt den Anfangssatz vor, zum Beispiel:
„*Die Geschichte von König Midas ist eine Sage aus dem alten Griechenland*".

Während des Schreibens dürfen die Kinder Fragen stellen, der Pädagoge geht durch den Klassenraum, gibt Hilfestellung und kontrolliert die entstehenden Inhaltsangaben.

Schluss:

Setting: frontal, Gruppensetting, Sitzkreis

Zeitplan: 5 bis 10 Minuten

Die Hefte bzw. die Arbeiten werden kontrolliert.

1. Möglichkeit: als leichte Hausaufgabe sollen die Kinder in ihrem eigenen, kontrollierten Text die Zeitwörter finden und rot markieren. Außerdem sollen sie eine Verbesserung nach Angaben des Lehrers schreiben.

2. Möglichkeit: Als zeitintensivere Hausaufgabe sollen die Kinder die Erzählsätze (vorher in Klassenstärke kopiert und ausgeteilt) abschreiben und die Zeitwörter rot markieren. (Wdh. Gegenwartsform, Chronologie der Handlung)

Der Lehrende klärt Fragen zur Hausaufgabe und schließt die Stunde.

AufsAtz kinderleicht – INHALTSANGABE
Grundschule – Bestell-Nr. 12 858

Stundenbild 5 – Festigung (3./4. Klasse)

Material zu Stundenbild 5

Erzählsätze zur Sage „König Midas" (135 Wörter)

1	Im alten Griechenland lebte einmal ein König, der trug den Namen Midas.
2	Er liebte Geld, Edelsteine und vor allem sein Gold. Er konnte nicht genug davon bekommen und wollte immer mehr Gold haben.
3	Eines Tages besuchte er den Gott Dionysos, der ihm einen Wunsch freistellte. „Ich wünsche mir, dass alles, was ich anfasse, zu Gold wird!", rief Midas.
4	So geschah es. Doch als der König nach dem Brot und den Trauben greifen wollte, wurden diese sogleich zu Gold. König Midas konnte nichts mehr essen.
5	Zwar waren seine Kleider und sein Teller und der Tisch zu Gold geworden, doch er hatte keine Freude mehr damit.
6	„Hilf mir und nimm den Wunsch wieder zurück!", rief der König.
7	„Nun gut, du bist klüger geworden! Sei nicht mehr so geizig!", erwiderte Dionysos und erlöste den König von seinem Wunsch. So wurde wieder alles zurückverwandelt und der gierige König war schlauer. *(Sage, griechisch, nacherzählt)*

7 Stundenbild 5 – Festigung (3./4. Klasse)

Material zu Stundenbild 5

Erzählsätze zur Fabel „Der Fuchs und die Krähe" (140 Wörter)

1	Es war einmal ein Fuchs, der war sehr, sehr hungrig. Er streifte durch die Felder auf der Suche nach etwas Essbarem.
2	Da sah er eine Krähe auf einem Ast sitzen, die hielt ein großes Stück Käse im Schnabel.
3	Der Fuchs dachte sich eine List aus, wie er an den Käse kommen könnte.
4	Er sagte: „Oh, du bist aber ein hübscher Vogel! Wenn du so wunderschön bist, hast du sicher auch eine tolle Stimme! Würdest du für mich ein Lied singen?"
5	Die Krähe fühlte sich sehr geschmeichelt und richtete sich stolz auf. Dann öffnete sie den Schnabel und ließ ein lautes Krächzen hören.
6	Natürlich fiel der Käse zu Boden und der Fuchs fraß ihn in Sekundenschnelle auf.
7	„Tja, Krähe! Sei lieber nicht so eitel, dann kannst du auch deinen Käse nächstes Mal selbst fressen!" lachte der Fuchs und lief schnell davon. *(Tierfabel, nacherzählt)*

AufsAtz kinderleicht – INHALTSANGABE
Grundschule – Bestell-Nr. 12 858
KOHL VERLAG

8 Stundenbild 6 – Festigung (4. Klasse)

Hinweise für die Lehrkraft

Vorbereitung der Unterrichtsstunde (50 min):

- Geschichtenabschnitte (S. 37 und 39) und Teilüberschriften (S. 38 und 40) zur Geschichte werden ausgedruckt, geschnitten und in je ein Kuvert gesteckt, nicht beschriftet
- Desktopkamera oder Beamer oder Plakatpapier
- Hefte
- Aufgabenblatt mit neuen Teilüberschriften (S. 40) ausgedruckt in Klassenstärke

Einleitung:

Setting: Sitzkreis, Gruppensetting

Zeitplan: etwa 10 bis 15 Minuten

Vor Unterrichtsbeginn versteckt der Lehrer auf dem Flur vor dem Klassenraum bzw. im Klassenraum sechs Kuverts. Darin befinden sich je entweder ein Geschichtenabschnitt oder eine Teilüberschrift.

Die Schüler werden vom Lehrenden zum Stundenbeginn in sechs kleine Gruppen aufgeteilt. Sie werden aufgefordert, nun im Klassenraum bzw. auf dem Flur vor dem Klassenraum eines der sechs versteckten Kuverts zu suchen. Wenn sie eines gefunden haben, kehren sie in die Klasse zurück bzw. auf den Gruppenplatz.

Nun wird verglichen: Welcher Geschichtenabschnitt passt zu welcher Teilüberschrift? Passende Textteile legt man zusammen und präsentiert sie über den Beamer oder die Desktopkamera. Ist dieses Equipment nicht vorhanden, klebt man die Textteile auf ein Plakat.

8 Stundenbild 6 – Festigung (4. Klasse)

Hauptteil:

Setting: Lesesetting/Schreibsetting

Zeitplan: etwa 20 bis 25 Minuten

Ein Schüler beginnt, die Geschichte vorzulesen. Ein anderes Kind, welches vorher bestimmt wurde, darf irgendwann klatschen und den Namen eines anderen Kindes nennen, welches jetzt weiterlesen soll. In diesem Schema wird die ganze Geschichte drei Mal insgesamt gelesen.

→ *Die Auflockerung des Lesesettings dient dem mehrmaligen Wiederholen des Textes, ohne dass es langweilig wird. Außerdem hören die Schüler besser zu, wenn sie nicht wissen, ob sie selbst weiterlesen werden.*

Nun beginnt der Lehrende, mit den Schülern gemeinsam die Geschichte schriftlich nachzuerzählen (Heft, Arbeitsblatt).

→ *Hier formuliert der Pädagoge mit den Kindern in chronologisch richtiger Abfolge und in der Gegenwartsform.*

→ *Augenmerk legt man auf Sätze, die eher kurz und prägnant formuliert sind, aber treffend die Information beinhalten. Komplizierte Nebensatzgebilde sind in diesem Schreibstadium meist noch nicht für alle Schüler produzierbar.*

Zum Schreiben projiziert der Lehrende sein Schriftbild mit Beamer oder Desktopkamera bzw. schreibt an der Tafel. Die Diktatform geht in schreibsicheren Klassen ebenfalls.

Die vorher in den Kuverts gefundenen Teilüberschriften werden bei Bedarf passend in den Text übernommen.

Schluss:

Setting: frontal, Gruppensetting, Sitzkreis

Zeitplan: 5 bis 10 Minuten

Die gelungene, gemeinsam verfasste Inhaltsangabe wird laut vorgelesen.
Der Pädagoge verweist auf die wichtigsten Punkte (Titel, Personen, Gegenwartsform, ...) und lässt während des Lesens die Zeitwörter in der Gegenwartsform rot unterstreichen.

Als Hausaufgabe werden das Aufgabenblatt mit neuen Blanko-Teilüberschriften präsentiert, zu denen die Schüler je zwei oder drei passende Sätze formulieren sollen.

Ein Beispiel verfasst der Lehrende mit den Kindern zur Veranschaulichung, die restlichen sollen die Kinder alleine schaffen.

Fragen werden geklärt und man schließt die Unterrichtseinheit.

8 Stundenbild 6 – Festigung (4. Klasse)

Material zu Stundenbild 6

Geschichtenabschnitte

Es war einmal ein dicker König. Der hatte einen wunderbaren und sehr talentierten Koch. Doch war der Koch selbst ziemlich dünn und hager. Da er den ganzen Tag zu tun hatte, für den dicken König zu kochen, hatte er selbst keine Zeit, viel zu essen. Als der König Geburtstag hatte, wünschte er sich: „Lieber Koch, bitte backe mir den größten Kuchen der Welt!"
Freudig eilte der dünne Koch also in die Küche und machte sich ans Werk.
Und wirklich – er schüttete so viel Hefe in den süßen Teig, dass der Kuchen das ganze Backrohr füllte! Der König freute sich sehr, als er den großen Kuchen im Ofen sah.
Doch dann wurde der Kuchen noch viel größer, quoll aus dem Backofen heraus und drang aus dem Herd heraus. Der Teig wuchs immer mehr und mehr, bis er so weit aufgegangen war, dass er die Decke der Küche erreicht hatte!

„Oh je, schnell, spring auf den Kuchen!", rief der König. Der dünne Koch versuchte, sich auf den Kuchen zu setzen, doch dieser ging immer mehr auf und nahm den Koch mit.
Schließlich durchbrach der riesige Kuchen das Dach des Schlosses! Ganz obenauf saß der dünne Koch und schaute verdutzt hinunter.
„Majestät, es hat aufgehört!", rief er. „Was sollen wir nun tun? „Du muss den Kuchen essen!", schlug der König vor. „Ich knabbere hier unten ein wenig und du isst von oben her. Dann kommst du wieder zum Boden!"
„Nun ja, also ... Mahlzeit, Majestät!", meinte der dünne Koch achselzuckend. „Und alles Gute zum Geburtstag!"

Nach einer Woche war der Koch wieder im Dachboden des Schlosses angekommen und konnte von dem Kuchenberg heruntersteigen.
Doch nun war er nicht mehr der dünne Koch. Ab nun hieß er „Der dicke Koch".
Schließlich hatte er ja auch eine Woche lang nach Herzenslust Geburtstagskuchen naschen dürfen.
Inzwischen hatte jedoch niemand für den armen König kochen können und so hieß dieser nun ab jetzt „Der dünne König".
Doch er lachte nur und schmunzelte: „Das war ein ganz besonderes Geburtstagsgeschenk für mich!"
(Märchen, nacherzählt)

8 Stundenbild 6 – Festigung (4. Klasse)

Material zu Stundenbild 6

Teilüberschriften

Der dicke König und der dünne Koch
Ab durchs Dach!
Rollentausch

Aufgabe: *Formuliere zu jeder Teilüberschrift zwei oder drei passende Sätze. Lies dir das Beispiel durch:*

> *Ein gelungener Nachmittag*
> *Eines Tages beschlossen Tim und Lena, ein Wettrennen zu veranstalten. Sie riefen ihre zwei besten Schulfreunde an und luden sie für den Nachmittag ein. Tim bastelte eine Wimpelkette und steckte damit die Rennstrecke ab.*

Ein ganz besonderer Tag

Oh je, was für ein Pech!

Was für ein Abenteuer!

Die beste Oma der Welt

Ein neuer Nachbar

Faschingsspaß

AufsAtz kinderleicht – INHALTSANGABE Grundschule – Bestell-Nr. 12 858
KOHL VERLAG

Praxismodul zu Stundenbild 6

Geschichtenabschnitte

Es war einmal ein schlaues, lustiges Mädchen namens Nana, das am Meeresstrand Muscheln sammelte. Nana hatte schon einige wunderbare Muscheln gefunden, als sie plötzlich etwas seltsam Glitzerndes im Wasser treiben sah. Sie zog es heraus und sah, dass es eine eigentümlich geformte Flasche war.
„Komisch, so eine Flasche habe ich noch nie gesehen!", dachte Nana. „Sie ist nicht leer, da ist wohl irgendetwas drin. Soll ich sie aufmachen?", überlegte Nana. Sie setze sich in den Sand und öffnete die Flasche.
Aber als das Mädchen den Stöpsel herauszog, strömte sofort eine wirbelnde, graublaue Rauchwolke heraus! Nana erschrak sehr und ließ die Flasche fallen. Da färbte sich die seltsame Wolke lila, dann rosa und schließlich formte sich ein kleiner Wirbelwind im Sand.

Plötzlich stand ein Flaschengeist vor dem Mädchen. „Ach, du liebe Zeit!", rief Nana. „Wer bist denn du?" „Was für eine unsinnige Frage!", rief der Geist. „Ich bin ein böser Flaschengeist. Ich stecke seit dreihundert Jahren in dieser vermaledeiten Flasche! Endlich hast du mich herausgelassen! Nun werde ich wieder viel Unheil in der Welt anrichten können, darauf freue ich mich schon sehr! Meine liebste Beschäftigung ist Streiche spielen, Kinder und Tiere ärgern und Sachen kaputtmachen!" Der Geist rieb sich schon die Hände und sah sich um. Dazu lachte er grimmig.
„Oh, ich verstehe!" murmelte Nana und dachte fieberhaft nach, wie sie den Geist wieder in die Flasche zurückbekommen könnte. Da fiel ihr eine List ein.

„Kannst du Wünsche erfüllen?" fragte sie. „Oh, ja natürlich kann ich das!", erwiderte der Geist. Er blickte trotzig drein und war beleidigt. „Glaubst du mir etwa nicht?", fragte er misstrauisch. „Nein, kann ich mir nicht vorstellen!", sagte die schlaue Nana. „Beweis es mir doch!" „Nur zu, sag einen Wunsch und du wirst sehen, er erfüllt sich!", meckerte der Geist und guckte herausfordernd.
Das Mädchen tat so, als ob sie nachdächte. „Hmm, mal sehen! Das kannst du bestimmt nicht!", rief sie. „Zaubere dich in die Flasche zurück!"
Der Geist lachte dröhnend und setzte sein fiesestes Grinsen auf. „Sperr deine Augen gut auf, du dummes Mädchen!", lachte er und begann, sich wieder in bunten Rauch aufzulösen. Dieser wirbelte und wirbelte und drehte sich so schnell, dass Nanas Haar und Kleidung heftig im Wind wehten. Plötzlich fuhr der Rauch mit einem Ruck in den Flaschenhals hinein und man konnte im Bauch der Flasche den wirbelnden Nebel sehen.
Blitzschnell drückte Nana den Stöpsel auf die Flasche. „So, nun sehen wir ja, wer hier der Dummkopf ist!", meinte sie und hielt das Gefäß hoch, sodass es in der Sonne glänzte.
„Gute Reise!" Das Mädchen schleuderte die Flasche weit aufs Meer hinaus.
„Puh, das war knapp!", seufzte sie und blickte dem glänzenden Punkt noch lange nach, bis er nicht mehr zu sehen war. „Hoffentlich schwimmt er noch lange im Meer, bis ihn das nächste Mal jemand herausfischt!", dachte Nana. „Und hoffentlich ist es auch wieder jemand, der schlau ist!"
Dann drehte sie sich um, nahm ihre Muscheln und ging nach Hause.

(Gugerell 2024)

AufsAtz kinderleicht – INHALTSANGABE
Grundschule – Bestell-Nr. 12 858
KOHL VERLAG Lernen mit Erfolg

8 Stundenbild 6 – Festigung (4. Klasse)

Praxismodul zu Stundenbild 6

Teilüberschriften

Die schlaue Nana und der Flaschengeist
Au weia, was nun?
Eine schlaue List

Aufgabe: *Formuliere zu jeder Teilüberschrift zwei oder drei passende Sätze. Lies dir das Beispiel durch:*

> *Eine gute Nachricht*
> *Julia klopfte bei Oma an der Haustür. Sie hatte gute Neuigkeiten für ihre Großmutter. Die würde Augen machen! Schon hörte Julia Schritte im Flur, also hob sie den Blumenstrauß hoch und wartete auf Omas Gesicht.*

Das rätselhafte Paket

____

____

____

Sternenglanz und Wolkenschimmer

____

____

Der größte Hund der Welt

____

____

Autsch – das war ein Fehler!

____

____

Wer kennt Fredi Frechdachs?

____

____

Willi Wellensittichs großer Ausflug

____

____

AufsAtz kinderleicht – INHALTSANGABE
Grundschule – Bestell-Nr. 12 858
KOHL VERLAG

9 Übungen rund um die Inhaltsangabe

Aufgabe 1: *Finde das Verb in den folgenden Sätzen! Unterstreiche es rot und schreibe die Nennform dahinter in die Klammern!*

a) Klara und Konrad verstehen die Geschichte nicht (____________).

b) Seit Freitag hat Frau Maria kein Waschmittel mehr zu Hause (____________).

c) Jeden Abend kocht meine Oma für mich Kakao mit viel Milch (____________).

d) Eigentlich muss ich früher ins Bett (____________).

e) Fragt jemand den Verkäufer nach dem Preis (____________)?

Aufgabe 2: *Ordne die Wörter zu einem sinnvollen Satz. Schreibe ihn dann auf die Zeilen.*

a) Fasching – An – es – viele – Parties – gibt

____

b) hat – Tom – Leider – vergessen – Tasche – seine

____

c) füttern – dein – täglich – musst – Haustier – Du

____

Aufgabe 3: *Verbinde die Satzteile, die zusammenpassen. Schreibe die Sätze anschließend in dein Heft.*

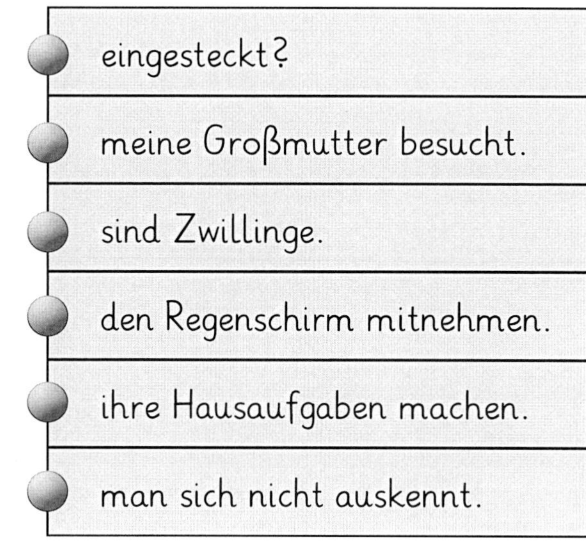

Letzten Dienstag habe ich	eingesteckt?
Vielleicht sollte Papa	meine Großmutter besucht.
Eigentlich müssten die Kinder	sind Zwillinge.
Wer hat meine Bücher	den Regenschirm mitnehmen.
Fragen sind immer gut, wenn	ihre Hausaufgaben machen.
Karl und Konrad	man sich nicht auskennt.

AufsAtz kinderleicht – INHALTSANGABE
Grundschule – Bestell-Nr. 12 858
KOHL VERLAG

9 Übungen rund um die Inhaltsangabe

Aufgabe 4: *Frage nach den unterstrichenen Satzteilen! Schreibe die Frage daneben auf.*

Beispiel: *Jeden Sonntag fahren Christine und Mama in den Wald.*
→ Wann fahren Christine und Mama in den Wald?

a) Seit einem Jahr gehen wir in den Nachmittagskurs.

____

b) Hoffentlich regnet es morgen nicht.

____

c) Sein Bruder kommt wahrscheinlich auch zur Party.

____

d) Es gibt auf dem Spielplatz zwei neue Schaukeln.

____

Aufgabe 5: *Ordne immer vier passende Adjektive den Nomen zu! Schreibe sie als Liste in dein Heft.*

Zauberer	Prinzessin	Bandit

ungepflegt – schlau – verschlagen – elegant – reich – unehrlich – belesen – hochnäsig – geschickt – gerissen – geheimnisvoll – wunderschön

Aufgabe 6: *Finde in der Wörterschlange alle Adjektive, kreise sie ein und schreibe sie auf die Zeilen!*

GIRAFFEZOOTIERKLEINEINTRITTKASSETICKETTEUERLÖWEFOTO
INTERESSANTSPRINGENPIZZAGEFÄHRLICHSCHILDLESENNIEDLICH
HAIPINGUINAQUARIUMSCHÖNFAMILIEFRÖHLICHAFFENHAUSNETT

____

____

____

9 Übungen rund um die Inhaltsangabe

Aufgabe 7: *Unterstreiche mit deinem Lineal in diesem Zeitungsartikel etwa zehn wichtige Wörter, die du zum Nacherzählen brauchst.*

Aktuelles Dienstag, 20. Februar 2024

Raubüberfall im Hutladen!
Am Abend des 19. Februars wurde in der Gartengasse Nr. 11 der Hutladen „Monas Mützenparadies" ein Raubüberfall verübt. Ein etwa 30-jähriger Mann, bekleidet mit schwarzer Hose und Jacke, sowie einer FFP2-Maske im Gesicht betrat gegen 19 Uhr das Geschäft und bedrohte die Verkäuferin Mona T. mit einer Pistole. Er verlangte, dass sie die Geldkasse öffnen und ihm den Inhalt der Kasse übergeben solle. Die verängstigte Frau tat dies und der Verbrecher lief sofort mit dem Geld davon. Er erbeutete etwa 600 Euro.
Mona T. kam mit dem Schrecken davon und blieb unverletzt. Der Verdächtige konnte flüchten, von ihm fehlt jede Spur. Hinweise zur gesuchten Person oder sonstige Angaben bitte an die nächste Polizeidienststelle.

Aufgabe 8: ***Unterstreiche alle Verben im Text. Setze den Text dann in die Gegenwart und schreibe ihn in dein Heft!***

Eines Tages fand Opa Johann seine Brille nicht mehr. Er suchte sie unter dem Bett. Aber dort war sie nicht. Dann guckte er neben dem Bücherregal, doch er konnte die Brille nicht finden. Oma Rosi war in der Küche. Als Opa sie fragte, lachte sie und zeigte auf Opas Nase. Da musste er auch lachen.

Aufgabe 9: ***Übertrage die Tabelle in dein Heft und schreibe die Zeitwortformen richtig in die Tabelle!***

Gegenwart	Imperfekt	Perfekt	Futur	Nennform
ich sehe				sehen
		er ist gekommen		
	wir liefen			
sie schläft				
	ich ging			
		sie haben gesprochen		

Aufgabe 10: ***Denke dir jeweils eine passende Überschrift aus! Schreibe in dein Heft.***

a) *ein Märchen, in welchem ein Drache einen Goldschatz bewacht*
b) *eine Geschichte, in der eine verlorene Katze wieder gefunden wird*
c) *einen Zeitungsartikel, der über ein Musikkonzert berichtet*

AufsAtz kinderleicht – INHALTSANGABE
Grundschule – Bestell-Nr. 12 858
KOHL VERLAG

10 Lösungen

Stundenbild 3

Aufgabe: richtige Reihenfolge zu *Lucky und der Regenbogen*: 5, 1, 4, 2, 3, 4, 6, 7, 8
richtige Reihenfolge zu *Das Märchen vom Gänseblümchen*: 6, 1, 3, 9, 2, 7, 8, 4, 5

Stundenbild 4

Aufgabe: richtige Reihenfolge zu *Das Schnupfenmännchen*: 2, 3, 1, 8, 5, 7, 6, 4
richtige Reihenfolge zu *Das Kasermännchen*: 8, 4, 3, 5, 1, 2, 7, 6

Übungen rund um die Inhaltsangabe

Aufgabe 1: **a)** verstehen, **b)** haben, **c)** kochen, **d)** müssen, **e)** fragen

Aufgabe 2:
a) An Fasching gibt es viele Parties.
b) Leider hat Tom seine Tasche vergessen.
c) Du musst dein Haustier täglich füttern.

Aufgabe 3:
Letzten Dienstag habe ich meine Großmutter besucht.
Vielleicht sollte Papa den Regenschirm mitnehmen.
Eigentlich müssten die Kinder ihre Hausaufgaben machen.
Wer hat meine Bücher eingesteckt?
Fragen sind immer gut, wenn man sich nicht auskennt.
Karl und Konrad sind Zwillinge.

Aufgabe 4:
a) Wohin gehen wir seit einem Jahr?
b) Wann regnet es hoffentlich nicht?
c) Wer kommt wahrscheinlich auch zur Party?
d) Wo gibt es zwei neue Schaukeln?

Aufgabe 5:
Zauberer: schlau, belesen, geschickt, geheimnisvoll
Prinzessin: elegant, reich, hochnäsig, wunderschön
Bandit: ungepflegt, verschlagen, unehrlich, gerissen

Aufgabe 6: klein, teuer, interessant, gefährlich, niedlich, schön, fröhlich, nett

Aufgabe 7: Mögliche Lösung: Raubüberfall im Hutladen!
Am Abend des 19. Februars wurde in der Gartengasse Nr. 11 der Hutladen „Monas Mützenparadies" ein Raubüberfall verübt. Ein etwa 30-jähriger Mann, bekleidet mit schwarzer Hose und Jacke, sowie einer FFP2-Maske im Gesicht betrat gegen 19 Uhr das Geschäft und bedrohte die Verkäuferin Mona T. mit einer Pistole. Er verlangte, dass sie die Geldkasse öffnen und ihm den Inhalt der Kasse übergeben solle. Die verängstigte Frau tat dies und der Verbrecher lief sofort mit dem Geld davon. Er erbeutete etwa 600 Euro. Mona T. kam mit dem Schrecken davon und blieb unverletzt. Der Verdächtige konnte flüchten, von ihm fehlt jede Spur. Hinweise zur gesuchten Person oder sonstige Angaben bitte an die nächste Polizeidienststelle.

Aufgabe 8: Eines Tages fand (findet) Opa Johann seine Brille nicht mehr. Er suchte (sucht) sie unter dem Bett. Aber dort war (ist) sie nicht. Dann guckte (guckt) er neben dem Bücherregal, doch er konnte (kann) die Brille nicht finden. Oma Rosi war (ist) in der Küche. Als Opa sie fragte (fragt), lachte (lacht) sie und zeigte (zeigt) auf Opas Nase. Da musste (muss) er auch lachen.

Aufgabe 9:

Gegenwart	Imperfekt	Perfekt	Futur	Nennform
ich sehe	ich sah	ich habe gesehen	ich werde sehen	sehen
er kommt	er kam	er ist gekommen	er wird kommen	kommen
wir laufen	wir liefen	wir sind gelaufen	wir werden laufen	laufen
sie schläft	Sie schlief	sie hat geschlafen	sie wird schlafen	schlafen
ich gehe	ich ging	ich bin gegangen	ich werde gehen	gehen
sie sprechen	sie sprachen	sie haben gesprochen	sie werden sprechen	sprechen

Aufgabe 10: Mögliche Lösungen:
a) Eine glänzende Sache
b) Glück im Unglück
c) Klanggenuss im Orchestersaal